这本书还行吧。

本书著者的其他著作：

及格家宣言

[美]雷·贝内特 著

周安迪 译

上海文艺出版社

献给 J.T.，

没有他对平庸的执着，

就没有这本书。

是以圣人去甚，去奢，去泰。

——老子

凡事都是虚空。
人一切的劳碌，就是他在日光之下
的劳碌，有什么益处？

——《传道书》1：2-3

在上帝眼中如此珍贵的你，
不要这般贱卖自己。

——鲁米

目录

导言 1

Part I 基础理论

成功：危险的嗜好 9

及格家十项原则 21

Part II 应用实践

及格家在职场 41

及格家在情场 51

及格家的饮食 57

及格家的保健 61

及格家的理财 67

及格家的家庭 73

及格家的信仰：真正的启示 79

Part III 成果总结

结果一目了然 83

有用的测试 84

结论 87

关于作者 91

关于译者 92

一些空白页 93

导言

恭喜你!打开这本书是你做过的最好决定。你看,很容易,对吧?

平庸的乐趣很多,但常常会消失在成功的压力里。成就的说客集团势力强大,意外的是,破罐子破摔也并没那么容易。我们的世界充斥着无数声音让你成为最好的自己,以至于你甚至都没有想过可以对自己要求低一点。

多年来,我们一直被洗脑,觉得要幸福,就要为成功付出努力。**成为第一!不要满足于第二!付出 110% 的努力!进步!制定策略!** 每天被这些没完没了令人疲惫不堪的唠叨轰炸,这要多亏了那些忙着利用我们的不足获利的大公司和精明奸商。他们贩卖高价的运动鞋，精致饮用水，TED演讲，以及跟踪管理睡眠、进食、运动甚至冥想的微管理应用程序。虽然"最好"到底是什么意思并无公论，但不管它是什么我们实际上都做不到。也许你确实在努力抵抗上述这些，不过即使如此，你很可能仍在以某种方式努力使生活达到最佳状态，这是一种自残。

我们来想一想：有多少成功的事业背后是不幸的婚姻？有多少又有才华又勤奋努力的人由于压力过大，焦虑到夜里都在磨牙，几乎不运动，且每周都喝到断片？在另一个极端，有多少健身狂热者或好胜心极强的人在马拉松比赛中废掉膝盖，或是冒着非死即残的危险，争先恐后地爬山登顶（有时爬到顶峰后还要在几十个其他的"胜利者"身后排队等候）？有多少天资聪慧、志向远大的年轻人梦想着可以通过自己的聪明才智赢得荣誉和肯定，而最终只是成了他们毫无能力的同事的下属（可能这些同事上大学都是靠父母走的后门）？而且，即使你确实设法维持个人和职业成就的完美进程，一场流感就能让你精心安排的人生计划完全脱轨。这些年来你从未意识到，你痛苦的症结恰恰是在于卓越的追求。这就是本书可以提供帮助的地方。

在这本书里,你会学到如何在人生中以最不费力的方式生活,还乐在其中。如果这听起来像是可以让你的幸福最大化的策略……好吧,它的确是。例外的存在恰恰证明规则的正确。你拿起这本书的时候也许正在感到内疚,或是因为你在工作中有些敷衍,或是你由于无法再像以前那样在人行道上奔跑或飞踩脚踏板而放弃了自己的日常锻炼。你感觉自己收纳袜子的抽屉还可以优化,或者要家里的所有东西都要光鲜亮丽,这让你深感绝望。你感觉自己应该做更多事情，或者把某件事做得更好，或者，更有可能的是，你想把所有事情都做得更好。但你很快就会克服这些，并享受得过且过带来的满足感。关键在于找到一种平衡，一个恰好的努力的量，这个量可能比你以前认为的要少得多。在我们这个追求高分高成就的社会里，需要一点得过且过的及格主义来拨乱反正。

所以放轻松，读读这本书，把你的什么潜力之类的都放回原处锁好。将所有目标都调低一档。降低对自己的要求。找到你内心目前为止都没开发出来的懒惰。无论你是什么样的人，肯定有些事，你是太用力了。

PART I

基础理论

成功:危险的嗜好

忘记你所说过的关于追求成功的一切,平庸才是幸福的关键。想一想:据估计,地球上有将近 80 亿人。几乎没有人关心你在股市上的最新斩获或你"谋得"的晋升。你终于买了那辆新车?找到了为换大房子还房贷的方法?你上周减了 5 斤?很好。在超过 70 亿人口中,有大量的人正挣扎在生存线上。

你再想想:他们也不在乎你是否一败涂地。他们不在乎你是丑陋、懒惰还是臃肿肥胖。班上的"完美苏西"在上一次数学测试中是否比你高 30 分,或者你是否被踢出了足球队,他们都

THINK GLOBALLY, UNDERACHIEVE LOCALLY

国际化思考
本土化平庸

无所谓。你的销售业绩没达标，被开除，感到羞辱？振作起来，世界不会因为这些以你为耻。世界上绝大多数人对你的成功与失败毫不在意，这是人生中的一个基本现实。你越早意识到这一点，你就越早可以从中获得安慰并安心平庸起来。以国际化视角思考问题，用本地化思维追求平庸。

在家庭方面，成功也根本不是大家所说的那样。你的朋友、同事和邻居，甚至你自己的家人，可能并没有你想象得那么乐于看到你出色的表现。他们可能没有表现出来，甚至有些人很会演戏，伪装出一副真心为你的成功感到喜悦的样子，但请你醒醒。他们也被教导追求卓越是幸福的关键。有赢家，就有输家，如果你"赢了"，那他们怎么样呢？你是否必须以这种比较的眼光来看待你的家人朋友？及格家（追求平庸的人）不会为了在网上发照片而到处去吃各种东西。如果他们在社交媒体上看到朋友似乎做了一些特别的事情，他们可以单纯地高兴，不用感到自己需要模仿或赢过谁。他们可以很高兴地继续做自己正在做的事情。跟错失恐惧症（Fear Of Missing Out）说再见吧。

FOMO NO MO

错过就错过

我们不难过

事实是，如果你有通过成为人生赢家来让人羡慕的想法，尽早放弃。因为这样损人不利己。让我们大家共同携手，少努力一点。然后，也许我们都能睡个午觉。

现在你可能会抗议："但是我并不是为了高人一等，我只想赚很多钱。"也可能，"我真的只是想要惊人的腹肌和坚实的臀部"。这些情绪本质上没有错，只是你对这些目标的评估是相对的。研究表明，人们对于生活的满足感与他们和周围人所处的相对位置紧密相关，因此绝对收益并不会使他们感到高兴。想对自己的收入感到满意吗？那就去施粥棚里做义工。你攀登了雷尼尔山？那很不错……直到你发现你的邻居登上了珠穆朗玛峰（希望他活着回来了）。加薪了？一开始你还挺高兴的，后来发现同事也加薪了。如果他的加薪比你还多一点，你的加薪这时候就像是一种侮辱。与比我们更聪明、更成功、更美丽的人不断进行比较，会产生沮丧和嫉妒。不断努力就是不断痛苦。

那么为什么我们要这样做呢？

从小我们就被教育，成功是我们的朋友。我们成长过程中需要学习很多东西，积极的反馈是激励我们的好方法。当我们表现出色时,老师会给我们奖励小红花和好分数。当我们做得不好时,负面反馈也可以帮助我们。没交作业吗?下课时间不许出去。这不仅适用于功课,还适用于很多方面。运动、艺术和社会成就总是以多种方式获得奖励,在此过程中,我们学习了如何变得健康,有文化,偶尔具有创造力,以及成为具有社会责任感的个人(但愿如此)。

  但是,山外有山。你可能是个很有实力的高尔夫球手,在你的圈子里数一数二,但是仅仅因为你在自己常去的球场打了72杆,并不意味着你就可以去挑战泰格·伍兹了。你甚至可能根本没有因为你的精彩表现赚到一毛钱,如果你停下来想一下,你所谓的成功只是成功惹恼了你的好友,因为他们都希望自己能获得胜利。社交网络也是如此,如果你花了很大力气才让你的"朋友"看得起你,那么你应该换一些更好、更真诚的朋友。

但是,如果你和大多数人一样,那么这样的领悟是慢慢获得的,或者也有人根本领悟不到。我们被洗脑了,以为成功是必不可少的,我们甚至不会质疑这个想法。即使我们在生活的多个方

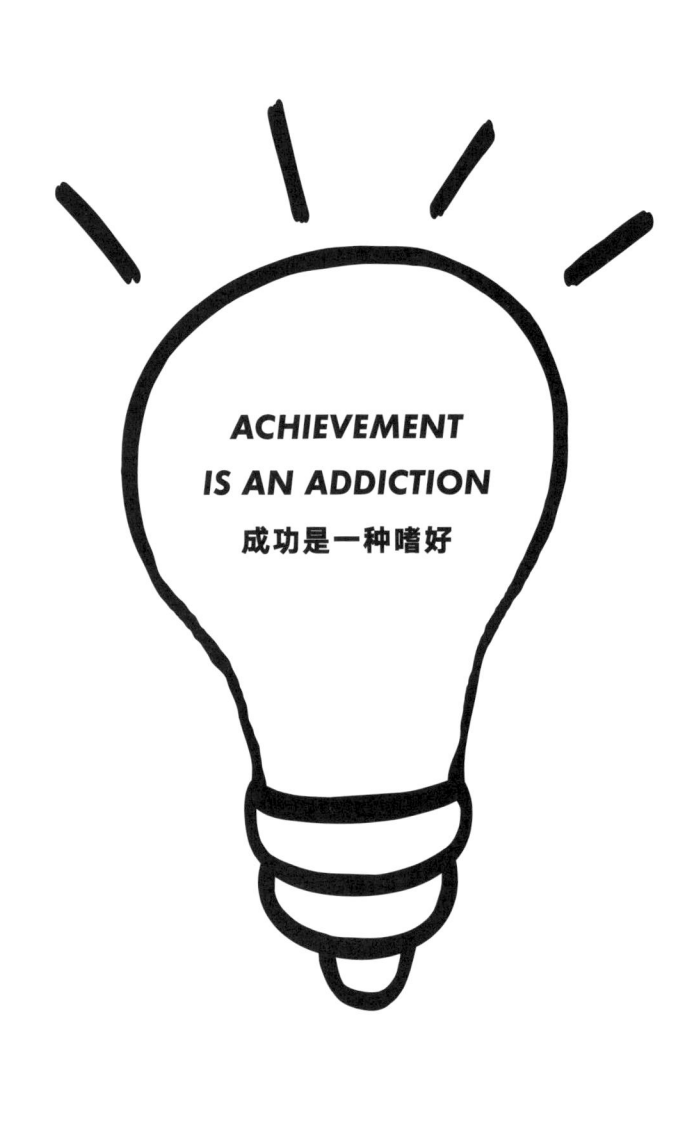

ACHIEVEMENT IS AN ADDICTION

成功是一种嗜好

面表现平庸，我们通常也会设法找到一种超越他人的感觉。尽管尝试改善生活中的某些部分没有错，但对许多人而言，成功已不仅仅是目标。它成为了一种嗜好。

一些年收入过百万的人绞尽脑汁钻税法漏洞就为了少交一万块钱。业余运动员花费大量时间进行训练，即使这意味着牺牲自己的情感生活。对于所有受害者而言，成功的瘾会带来失败的人际关系、不健康的身体、被戕害的思维，或是三者的某种可怕组合。这种疾病应该被认定为一种流行病，但太多的医生自己也患有这种疾病，自然就无法识别症状。

  关键是要训练你的思想和灵魂,养成健康的态度,以确保你永远不会陷入高强度生活、不惜一切代价追求成功的陷阱。这并不容易,但是如果你牢记这里概述的核心原则和态度,那么你将可以迈向更幸福的生活。你的效率会变低吗?这取决于你问谁,但是如果你生活中重要的人没有一个认为你还有留有余力,那么你就有功课要做了。

及格家十项原则

在进行具体介绍之前,有必要先列出及格家的十项基本原则。正如你可能已经从数量惊人的自助书籍中总结出的一样,那些声称要提供指导的书总是会列出许多编号清单:7个习惯,12个规则,29个领导力秘诀,1000个鼓舞人心的想法,或多少个死前必须去的地方等等。这本书总结了10条。不算太差。不算很好,但也不差。

1. 人生苦短。
2. 掌控是一种幻觉。
3. 期待带来痛苦。
4. 更多期待带来更多痛苦。
5. 成就创造期待。
6. 收益递减法则是普遍真理。
7. 完美是优秀的敌人。
8. 枪打出头鸟。
9. 成功都是主观的。
10. 4%的增值原则。

以下是这些原则的详细介绍。

1. 人生苦短。 我们大多数人活在世上并不敬畏死神，这不奇怪。死亡令人恐惧，却又无法避免。毕竟，还没有人活着离开过这个世界。迄今为止，估计已有 1000 亿人在这个世界上出生又死亡。很惊人，不是吗？在目前地球上超过 70 亿的人口中，每个人有一天都将死去，而在地球时间的尺度里，那一天转瞬即到。你可以竭尽所能，疯狂卖命，也可以放松身心，享受这一瞬间。这是你的选择。

CONTROL IS AN ILLUSION

掌控是一种幻觉

2. 掌控是一种幻觉。我们每个人都无法完全掌控我们的人生,如果你觉得自己可以,那我祝福你:那是一种令人愉悦的幻想。但是话又说回来,假如你搞砸了一件重要的事情,可以放松一下然后对自己说:"这不是我的错,这就是命",也未尝不是一种解放。

我们来看一个有趣的例子:在 1998 年,一群华盛顿大学的商科学生问了世界上最富有的两个人,比尔·盖茨和沃伦·巴菲特,他们认为自己成功的最大因素是什么。他们是怎么回答的呢?"在美国出生和长大。"这件事不受他们控制。这很像在说，人生成功的关键在于选对父母。你没选择你的父母，也没选择你的基因，也没选择对你的生活产生巨大影响的许多其他因素。那么，为什么仅仅因为拥有出色的头脑或强健的身体就给自己这么大的压力呢？而且退一步说，如果你既不聪明也不强壮，那……本来也不是你的错。

3. 期待带来痛苦。你肯定有这样的经历，某天你起床做了一个严谨的计划，结果一点小事（天气不好，错过公车，指甲边上的倒刺）让你完全乱了阵脚。计划越详细,成本越高,就越有可能无法按计划进行。策划婚礼时最常见也最重要的建议是要把婚礼当成一个派对,而不是一场表演。这绝非偶然。在化学考试中拿到的最伤心的 A 就是在你满以为自己拿了 A+ 的时候。也许你希望在两周之内减掉 10 磅,但两周后发现仅减掉 5 磅时,你就放弃了节食。在"失败"的努力之后,你气馁了。如果把目标定得越高结果就越好的话该多好,但事与愿违。大多数人在锻炼计划刚开始时都希望有巨大的改观,最终却因为气馁而放弃。要是他们能学会避免期待就好了……

4. 更多期待带来更多痛苦。这条似乎是句废话，但是如果去掉的话，就凑不够十条了。

5. 成就创造期待。超额完成收益的公司通常还要不断提高目标。如果他们未能达成这些新目标，或者在某些情况下，如果没有大幅超额完成，那么他们就会眼睁睁地看着自己的股价被气愤的投资者腰斩。对有些公司来说，做假账在这时候开始充满诱惑力。欢迎看看安然，或是瑟拉诺斯这两家公司。

6. 收益递减法是普遍真理。 到了一定程度，无论你再赚多少钱或花多少钱，你的生活都不会有实际的改善。当然，我们大多数人都觉得没有足够的财力让自己可以赋闲在家，我们希望有更多的钱来验证这个理论是否正确。如果你有游泳池和网球场，那么买台球桌的时候还会真的感到兴奋吗？顶层豪宅的美景欣赏了一段时间后，也会看腻。城市另外一头更新更高更贵的新大楼的景观可能会"更好"，但是又能好多少？你觉得10美元一瓶的酒可能很不错，直到你尝了一瓶100美元的酒，但是10倍价格的酒真的有10

倍好喝吗？1000一瓶的酒呢，好喝100倍？就算是这样，但这难道表示你之前没有很享受便宜一点的葡萄酒？跑步6英里远比"仅仅3英里"健康得多吗？收益不会继续与努力或投资以相同的速度增长。无论你做什么，曲线都会慢慢变平，甚至可能开始下降。如果你有幸可以去度假，那么每天参观10座寺庙可能会抹去你对前6座寺庙的记忆；欣赏卢浮宫中的200幅画是忘记前150幅画的最好方法。更多并不总是更好，差不多就可以了。

**GOOD ENOUGH
IS GOOD ENOUGH**

还好就是够好

7. 追求完美是完成任务的敌人。完美一词甚至都不应该出现在平庸者的词汇表中。追求完美就是一种诅咒，迫使你在完全合适、舒服，或者已经很好的东西里找出瑕疵。字典上描绘了完美主义者的丑恶肖像：一个事儿妈，吹毛求疵、古板教条、严苛、挑剔、偏执、锱铢必较、谨小慎微、要求高。你愿意和这些形容联系起来吗？完美是主观的，也是不可能达到的，但追求完美却成了一些人的狂热动力。带着追求完美的心态，就会几乎无可避免地将事情推向神经过度劳累、困惑和无休止的自我否定之中。如果一件事值得一

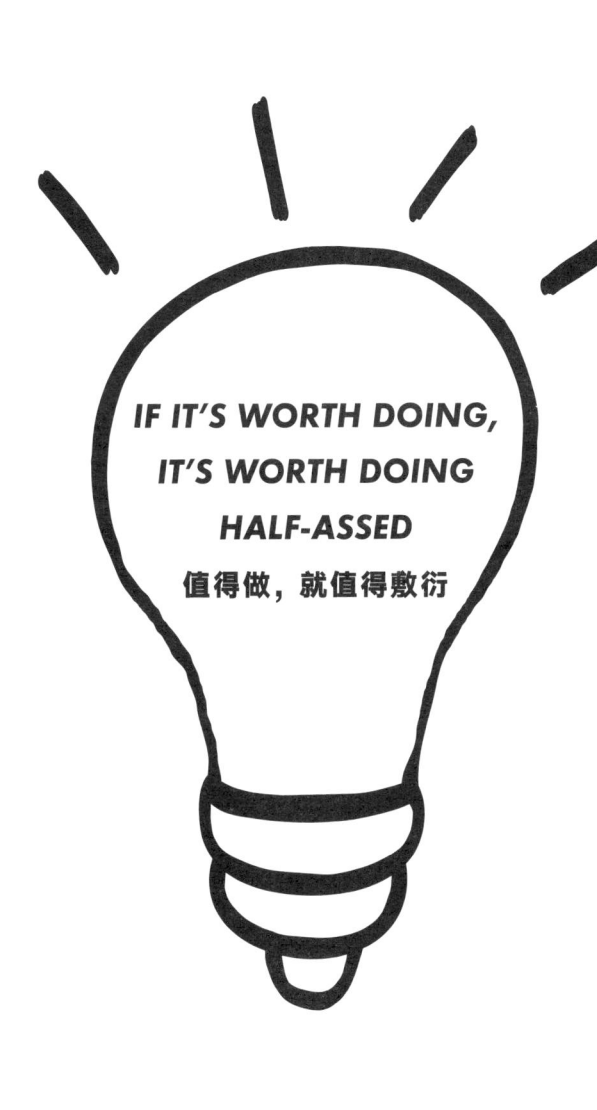

IF IT'S WORTH DOING, IT'S WORTH DOING HALF-ASSED

值得做，就值得敷衍

做，那么有些时候就值得不完美地去做。

8. 枪打出头鸟。 换句话说就是要保持低调。许多人误以为成就会让人钦佩，而实际上只会招来嫉恨。日本的一句谚语用更加生动暴力的语言阐释了这一点：锤子总是会敲打突出的钉子。如果你比其他所有人都优秀，那最好不要显山露水。

9. 成功都是主观的。 最令人满足的莫过于见到一些傲慢混蛋在大肆炫耀自己某些活动中的成就时，他的观众完全没听说过、也不关心这些事的场景了。你想想,**有谁在意呢?**

10.4%附加值原则。科学已经证明从基因上讲,人类与黑猩猩有96%是相同的。你听到这些,是什么感受?想一想:世界上最成功的人,和最无望最失败的人,从生物学的角度来说都跟猿猴差不多。如果有什么事情能够戳破"要付出110%的努力"这个谎言,那就是上述事实了。实际上,从生物学上来说,连细菌都是极其"成功的",而且它们似乎并没有那么努力。这一点可能有点像是乱用科学,但似

BEING ALIVE IS BY FAR YOUR GREATEST ACHIEVEMENT

活着就是你最大的成就

乎很符合逻辑。反正差不多就是这个意思吧。
目前为止还活着就是你最了不起的成就。

PART II
应用实践

及格家在职场

平庸的人是最合适、最可靠的工人。这乍看之下似乎跟直觉相悖,但关键在于尽管取得某些成就对于提高生产力是必要的,但对你和你周围的所有人来说,大量成就就很危险了。而且,如果你的视野足够宽广,你会发现这也是徒劳的。我们的目标应该是不多不少,刚好达标。

我们已经证明,对于那些看起来非常成功的人,同事们怀有嫉妒和鄙视。那是人的本性。现在为了好玩,我们来乱用一些物理法则。物理学的基本定律之一认为系统趋于平衡。将此法则应用于职场,你会发现一个公司的架构有各种存在

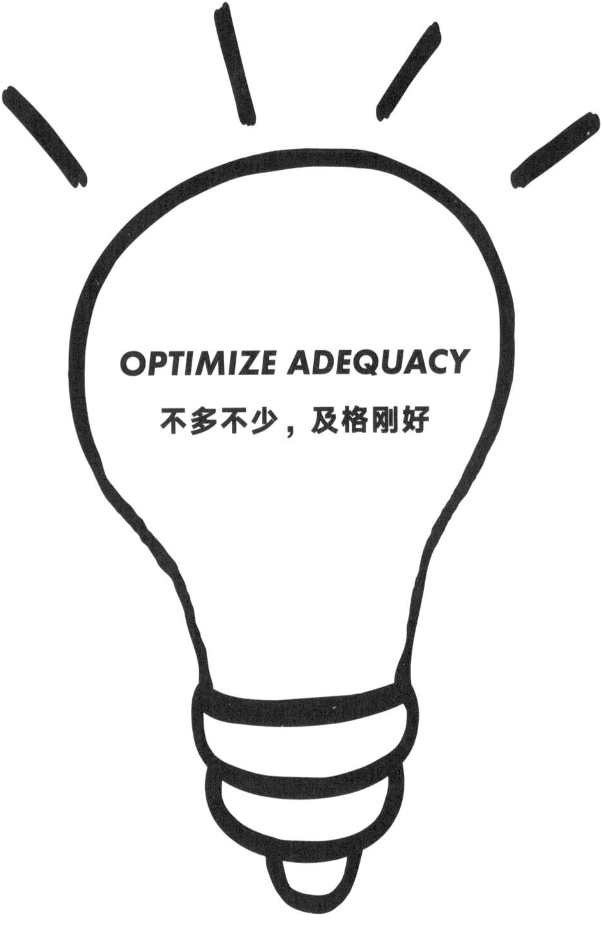
OPTIMIZE ADEQUACY
不多不少，及格刚好

的理由，其中之一是在确保公司维持一个稳定的状态的同时，防止非常出色的人让其他人难堪。从热力学的角度来看，即使是最亮、最热的恒星也会逐渐冷却到周围的温度。真的，你只需要有一点共情力就能明白。想象一下，如果你在工作中总是被一个自以为是的人超越，你会感觉如何。这不仅会损害你的自尊心，而且很快你就会开始担心是否工作不保。为什么要给其他人造成这种痛苦？

显赫成就的更大危害之一是导致人们不顾颜面争夺功劳，面对追求卓越的巨大压力时更是如此。另一负面影响是佼佼者必须和同事处在相对立的立场，要么捍卫他的成果，要么分享果实但心里觉得被占了便宜。无论哪种情况，结果都是苦涩和沮丧。

平庸的人不会对他人产生威胁。他们也不太会像完美主义者那样频繁地搞砸。如果他们在一个项目上失败了，也没事，反正别人也没什么期待。如果他们完成了，反而像是取得了一个了不起的成就。

当所给的时间完全不够但任务本身却十分艰巨时（这是在工作中经常发生的事情），（循规

GOING THE EXTRA MILE LEADS TO EXHAUSTION

精益求精就会精疲力竭

蹈矩，吹毛求疵的）完美主义者会抱怨缺乏资源、团队支持和时间因而无法完美地完成工作。上司永远不会容忍这种态度。平庸的人没有追求卓越的束缚，这时就可以出来救场。实际上，老板希望看到的只是工作得到完成，且没有太多怨言。讽刺的是，平庸的人反而比那些不断追求完美的人能够完成更多的工作。加倍的努力让人以加倍速度走向崩溃。向完美多走一英里只会让人精力耗尽。

说到里程，事事较真会让通勤也变得复杂。研究表明，为了寻找最快的车道不断变道会让交通拥堵的情况更加严重,并显著增加发生碰撞的概率。随波逐流才能让通勤更加顺畅和安全。

但是,保持平庸并不只是为了保住饭碗,也是为了让生活中的其他关系保持健康。例如,如果你打算在周末也一直工作,那么你最好能日入斗金,来补偿没能陪伴朋友和家人的那些时间。你要面对现实:既然你估计没希望成为百万富翁,何必把自己累死?不如回家,和孩子们度过一个慵懒的周末。

追求卓越的人面临的一个基本问题是,他们希望自己的成功能以他们习惯的快速步伐继续下去。收益递减法则保证这是不可能的。随着他们往上爬,他们将被更多成功的人包围,更加难以脱颖而出,结果又不得不加倍努力。这时候,他们要么继续努力,牺牲自己的健康和人际关系,要么转而加入平庸者的行列。我们很清楚,从长远来看,哪种选择会更健康、更有成效。在许多文化中我们都能找到类似"跛鳖千里"的说法,这并非偶然。(野兔一生:不过数载。乌龟寿命:可达百年。)另外,不工作而节省出的时间,平庸的人可以用来培养兴趣爱好,这会使他们在朋友中变得更有趣。他们会有大把时间跟朋友在一起。这样他们就可以经营友谊。连续几周都回复"我很乐意参加,但我有一个重要的项目需要完成,下周再打给我吧"之类的话,你就会发现朋友们再也不会邀请你了。

及格家在情场

在当今这个即时满足和娱乐无处不在的世界中,建立亲密关系已成为挑战。当下比以往任何时候都更容易从一段关系中脱身,或是在一段关系刚开始的时候不再回复消息,转而寻找别的选择。对话似乎成了一门失传的技艺,交流越来越零散,变成了数字碎片的交换,而人们在辛勤工作、体育锻炼和处理焦虑之后有限的时间里,约会让人觉得像是紧张的面试。那些努力家更是发明了讨厌的速配,以及我们的手机端上永无止境的个人简介/头像/照片推送流。明星和网红的私生活的过度曝光,给人们留下只有好看的人才有性生活的印象。所有这些都创造了一种要在恋爱的世界里也要努力奋斗（和受罪）的文化。人很容易就陷入在软件里左滑右滑之中，或是为了结成一段关系，用商业计划的战略思维来指导自己的社交生活，坚信通过不懈的努力，就可以找到完美的灵魂伴侣（或者是炮友之类的）。

　　平庸主义者可以看出这一切的愚蠢。首先，他们知道丑陋的人也有美好的性爱。在我们的朋友和邻居中（实际上，在地球上将近 80 亿人口中）只有极少、极少人的父母超级性感（尽管不是没有，但从平均来说……）。其次，相信世界

UGLY PEOPLE HAVE GOOD SEX TOO

丑人也可以性福

上只有一个完美伴侣在等着你是愚蠢的。如果你接受了这个令人恐惧和沮丧的想法,那么你就也必须接受找到一个人的概率比赢得世界上概率最小的彩票还要小得多得多得多。当你放弃对完美另一半的神经质的(甚至是带着奇怪的竞争心态的)追求,你可以轻松地开始一段很不错的交往,人生中最好的情况其实也不过如此。

欲擒故纵是种流行的做法,但那需要太多努力。努力过度通常是黔驴技穷的表现。平庸主义者在亲密关系中,两人各管各的,不过度依赖对方,从而相敬如宾。而且,如果最后发现不合适，分手也轻松得多。如果你不是东寻西觅自己心中幻想的完美伴侣，那么大概率会对自己现有的真实的关系更加满意。一旦建立了恋爱关系，平庸主义者就会意识到，要求另一半事事尽如人意就像是住在精神病院边上：你离精神错乱仅有步行距离。我们换位思考一下。你希望别人期待你十全十美吗？不，不，你不希望。

记住，成就创造期待。可以肯定的是，如果你豁出去，为了恋人的生日挥金如土，那么第二年对方会希望有一样的待遇。如果你不打算再千金散尽，那么你可能需要费点口舌了，而且这番交流不会很优雅。与一个希望你一直增加付出的人交往可能本身就不是一个好主意。

及格家的饮食

以前说食肉有害。后来说食肉又有益了。以前说吃碳水化合物有害。现在,碳水化合物好像又可以吃了(也许还是有害)。以前说人造黄油比黄油更健康,因为它的饱和脂肪更少。但是现在又说人造黄油的脂肪是反式脂肪,这又是不好的。糖有害,但味道不错。然后开始流行生酮餐,流行断食。

饮食风潮的不断反复验证了平庸主义者的明智。保持在中间位置,而不去一直追逐最新的饮食潮流,这让平庸主义者在趋势摇摆回来的时候,总是领先于潮流。想一想那些因为不买效果可疑的保健品和昂贵的品牌饮食套餐而节省下来的大把的钱。为什么不去买你想吃的那个巧克力棒，而要花五倍价钱买一个瘦身巧克力棒？

极端地控制热量摄入，并且把大量食物拉入黑名单的人，几乎不可能把减肥或者节食的计划坚持到最后。平庸的人都知道，偶尔作弊偷吃可以减少饮食的总量，而且又不会感到彻底被剥夺。禁果（或甜甜圈）总是最甜的。平庸的人在节食的时候与众不同的是，他偶尔吃一个甜甜圈也毫无负罪感。只有当你觉得完全禁欲是衡量成功的唯一标准时，吃零食才是失败。

适度饮食一直是个好习惯，对于平庸主义者来说这是很自然而然的事情。就像美食作家迈克尔·波伦（Michael Pollan）温和的建议一样："吃东西，别过量，多吃菜。"因为平庸主义者知道收益递减法则处处成立，因此偶尔吃巧克力棒带来的愉悦不是爱情或友谊的长期替代品。一杯好啤酒（或两杯）并不能消除辛苦工作带来的痛苦。考虑到这一点，节食的时候偶尔偷懒可以为你的健康带来奇迹。

及格家的保健

锻炼已成为一项要么竭尽全力要么敬而远之的活动。看破人生的肥宅从不锻炼以至于都不能走上楼梯,而打了鸡血的正能量小哥们疯狂健身就好像要去参加电视竞技节目或角斗士表演。因为不想要沦为第一类,大多数人认为他们应该成为第二类,家里堆满了拉伸垫,腹肌滚轮,自行车,健身椅,看着像楼梯和中世纪投石机的器械,以及其他没人真的会用的各种玩意儿。几个月或几年后,他们在床下、壁橱和车库中重新发现了这些无用的、引起内疚感的物品,那时它们就像许久无人照顾的宠物一样,只剩下弹簧和钢铁的骨架。你认识几个加入了健身房会员的人对他们去健身房的频率不感到内疚的？每有一个人适度运动改善或延长了生命，就有另一个人因剧烈运动损害或缩短了寿命。

平庸主义者认为，大多数选择参加高强度的健身计划的人可能是在生活中其他某个方面有着不幸的弱点。（相信"不劳无获"说明脑子缺根弦。）就像那些安慰食物（comfort-food）上瘾的人，健身狂热者可以用锻炼来代替人际关系和一些其他的人类的追求。反过来，有些人年轻时候是运动员，结果后来发现当会计比打球更

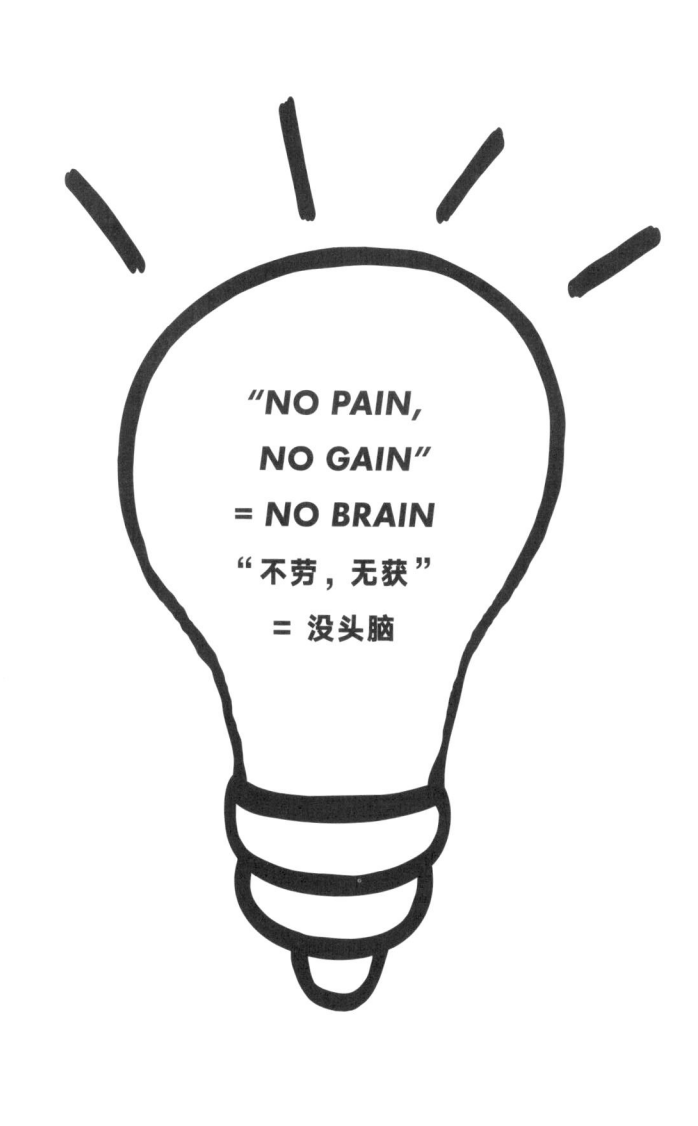

"NO PAIN, NO GAIN" = NO BRAIN

"不劳，无获" = 没头脑

赚钱。对他们来说，健身就是个麻烦事，他们无法忍受三心二意的锻炼。由于他们没有时间去跑 5 英里步或连续游 2 个小时泳，他们就觉得干脆不去了。很快他们的身体状态就会反映出这种态度带来的结果，其实他们保持体形需要的只是一点点懒散的心态。早晨散散步，晚上举重 5 分钟，就可以拥有一生所需的健康身体。对于平庸主义者来说，偶尔不健身也不是问题，因为那是休息的绝佳机会。毕竟，如果你一直努力锻炼，那么你将永远无法了解休息的快乐。

对于那些刚开始健身的人，去健身房，聘请

私教，阅读一堆健身狂人写的书可能会让人沮丧：让一群比自己强的人围着自己肯定让你垂头丧气。而且，如果进步的速度不够快（其实永远都不够快），你可能很快就放弃了。然后，你又回到了开始的位置，而且相比之前失望变多了，钱变少了。

以下是不能再轻松的平庸主义锻炼：

1. 走路。

2. 练上身。可以是俯卧撑，适度举重，或者打理花园。

3. 如果心情好，睡前做些伸展运动。我不是说瑜伽。只需放松一下，舒展开那些紧张的肌肉就好。

4. 多睡觉。大量睡眠研究表明，多休息会加强减肥效果。

你看，是不是已经感觉好多了？

及格家的理财

平庸的人可以说是天生就知道怎么实现财务成功。当然,钱挺好,有很多钱相当不错,但是值得消磨灵魂让自己筋疲力尽吗?苦行僧一样省吃俭用来增加积蓄也同样不值得。幸运的是,这里有一条中庸之道。请放心,碌碌无为会为你的银行账户带来奇迹。

平庸的人不禁会注意到,不少人为了在股市掘金把衣服都输掉了。这些人不满足于大盘的收益,卯足劲要找到下一个热门。但大家都在找潜力股。一旦风吹草动,投资者们就会全聚过来,想要在崩盘前进场出场,在其他怀着同样想法的人之前捞上一笔。正是这种疯狂的、高风险的逐利导致了市场中太多的泡沫，当它们破裂的时候所有人都血本无归。

事实证明，抄底和抽身并非那么容易。指数型基金通常比主动管理型基金更成功，平庸主义者（正确地）意识到，如果专业、精明的基金经理都无法赢过市场，那自己就更不行了。

更重要的是，平庸主义者不会让狂躁的竞争心态成为好结果的绊脚石。的确，人类的乐观（和贪婪）是拉斯维加斯赌场和具有创新会计技巧的公司的主要财富来源。而且，如果有时候国际会计事务所和银行都会被聪明的财务总监所欺骗，那估计你也很难幸免。每个后来看起来是具有先见之明的股票交易可能都伴随着 5 个其他的失败选择。

那些为了大赚而搭上了过多身家的人，他们特别容易受到市场低迷的影响。他们喜欢屯着那些本该早点卖掉小赚一笔的溢价股票，因为不满足于几乎已经到手的收益还想要大赚特赚。最后，他们血本无归。

平庸的人没必要通过投资暴富：平庸的生活方式已经让他节省了一大笔钱。他不开豪车，不买名牌,也不会付钱请昂贵的私人教练来达到完美身材。这留下了更多的资金来投资,也不会给他任何压力,去做一些超过他能力范围的选择。

关键在于财富比率:

$$\frac{你拥有的}{你想要的}$$

如果你想要的不多,那么相比之下你拥有的就更多了。

平庸投资法会让你高枕无忧。相对于炒房和

争夺"成长型股票",指数基金和退休金的处理要容易得多。通过避免巨大收益的诱惑,你将享受避免巨大损失所带来的安全。虽然你不能炫富,但你可以对所有这些额外的收入感到满意。

及格家的家庭

一起平庸的家庭才能和和睦睦,长长久久。读到现在,这应该是显而易见的,因为很明显,平庸(1)促成了更健康,更持久的关系;(2)留出更多时间享受各种活动;(3)省钱。所有这些为养育一个快乐、健康、追求平庸的孩子提供了良好的环境。

这并不是说你不关心孩子的未来。只是不要疯狂地试图在三岁之前就将它们变成下一个精通多门语言的编程莫扎特,或更糟糕的是,在他们还没出世时就为他们的成功焦虑。(实际上莫扎特在没有"莫扎特宝宝"录像或胎教的情况下学

THE FAMILY THAT UNDERACHIEVES TOGETHER STAYS TOGETHER

一起平庸，全家和睦

会了弹钢琴，所以请放心。）有数不胜数的少年棒球联盟选手的父母和足球妈妈像是希望孩子成为职业选手一样对孩子连哄带逼。不论什么项目，看着一个"迷你版的你"在比赛中完败对手的感觉会让人上瘾，但这其实是灾难的开始。我们已经看到了好胜心会带来的结果：破灭的希望不可避免，怨恨，心理治疗，以及最后写就的全公开定论回忆录。对于孩子们来说，不希望父母对他们施加压力是一种由来已久的传统。来自父母的要求努力上进的压力越大，抵抗的可能性就越大，程度越强烈。

相反，平庸的父母会找到让家庭和谐的平衡。他们对自己的要求不会太严格，所以也没有必要把家人逼疯。他们不会太疲倦或者紧张，所以会有时间可以和孩子在一起。平庸的父母懂得知足，这避免他们将自己受挫的梦想灌输给忙于过自己的生活的孩子。平庸的父母不会屈服于将孩子变成地位象征的诱惑，或是全天监视他们的行动。你对童年的美好回忆是什么？可能不是高压力的体育活动或钢琴练习。快乐和不快乐的童年之间的区别是鼓励和压力之间的区别。

实际上，在组建家庭方面，这些努力家完全比不上平庸的人。努力家们永远找不到安定下来的"正确时机"。即使他们没有被为人父母的压力完全吓退，就算勉强为之也会觉得达不到心中的标准。

平庸的人不打算为计划育儿所有细节而焦虑，所以也就不会觉得那么可怕。他们不知道要花多少钱在尿布上，他们也没打算让小孩上音乐课，他们可能也不会意识到这些小人儿晚上会不好好睡觉。也许直到小毛头住进来了之后，他们才知道两居室公寓能有多拥挤。无论如何,他们一天一天跌跌撞撞地走过去,在这段充满挫折但却美好的育儿生活中,你也没法要求更多了。激发喜悦也要适度。

及格家的信仰：真正的启示

追求平庸也许可以是一门宗教，既然它手握通向知足、幸福和平衡生活的钥匙。

宗教常常是战争、仇恨、不同信仰之间敌对，以及信仰内部竞争的罪魁祸首。但是实际上问题不在于信仰，甚至不在于信仰差异。当人们感到需要证明自己比别人更有价值时，才会有问题。当某些成员确信上帝更喜欢某一种崇拜方式而不是另一种时，在一个教会内部可能发生冲突。或者当某个特定信仰的成员认定世界其他地方的人也必须用和他们同样的方式，并且是唯一的方式看待事物，也会发生这种情况。有太多人把信仰看成成功的另一种手段。这些宗教狂热者不追求金钱或名声等世俗成功，而是特殊的更高层面的意义或者是上帝特别的恩宠。相信自己是上帝给世界的唯一礼物，这会使你与将近 80 亿可能希望拥有相同感受的其他人发生分歧。如果平庸的信仰只有一条信条的话，那就是不要试图超越别人，但你可以自由地改善自己。

PART III
成果总结

结果一目了然

优秀	平庸
沮丧	宁静
生气的同事	和谐的职场关系
膝盖手术	身体健康
交通堵塞	顺畅通勤
孤立	友谊
极端主义	谦卑的信仰
股市崩盘	可持续的经济增长
心脏病	血压正常
抑郁	满足

有用的测试

设计以下问题是为了确保你学到了刚刚好足够从今天开始过平庸生活的知识,一点都不多学。我们会提供为你的测试打分的说明,总分就是你的平庸商数或"庸Q"。

1. 你的老板要求你填写一套表格来满足检查人员的要求。你应该：

a. 确保使用正确的字体。

b. 从零开始创建表格。

c. 用去年的表格改改。

d. 争取同事的帮助，一起拖延时间。

2. 你决定开始健身计划。从以下选项中选择：

a. 了解当地的铁人三项。

b. 雇用私人教练。

c. 开始每天在住处附近走走。

d. 购买一台形状像中世纪投石机的家用健身器材。

3. 你在约会……

……我觉得够了,不是吗?你已经很好了!生活充满了考验。我们就不要再考了吧。

顺便说一句,如果你因为没能确定自己的"庸Q"值感到失望,那你已经不及格了。

结论

现在,你应该已经完全相信,平庸是你和周围其他人幸福的关键。不要担心不够完美,安然享受平庸的乐趣和好处。

亚里士多德曾经说过,受过教育的人的标志就是他不会在一件事上追求超出这件事所能达到的准确度。这似乎适用,不是吗?

记住,平庸的意思不是什么都不干,而是在正确的时间、正确的地点做正确的努力。然后一点也不多干。

所以,去吧,过最低限度的生活。想想那些你在努力完成但其实对自己没好处的事情。别把任何所谓的成就当回事。

    现在你已经看到了光,把它熄灭吧。你正在浪费宝贵的能源。因为你已经足够好了。

你要做的事情不但必须力所能及,
还必须低于你的能力。
如果你可以处理3个,那就处理2个。
如果你可以处理10个,那就处理5个。
这样,你处理事情
就会变得更加轻松,熟练,
让你有一种游刃有余的感觉。
——巴勃罗·毕加索

关于作者

雷·贝内特（Ray Bennett）是西雅图的一名医学专家，他曾经过于努力但正在康复中。但是，令他感到愧疚的是，他仍然在救治病患的时候自我要求过高，而且，他与妻子儿女生活在一群太多追求的邻居中。

关于译者

周安迪（Andy Zhou）是一名书籍设计师，他在加州大学伯克利分校政治系读了两年博士就退学前往日本，在东京工作几年后又辗转北京、伦敦，现在寄居在上海。经过了多年的努力，结果还是毫无成就的他，正在通过本书逐渐康复，恢复理智。

一些空白页

图书在版编目（CIP）数据

及格家宣言 /（美）雷·贝内特著；周安迪译
. — 上海：上海文艺出版社，2020（2023.12重印）
ISBN 978-7-5321-7759-2

Ⅰ．①及…Ⅱ．①雷…②周…Ⅲ．①人生哲学－通俗读物 Ⅳ．① B821-49

中国版本图书馆 CIP 数据核字 (2020) 第 128977 号

THE UNDERACHIEVER'S MANIFESTO By RAY BENNETT
Copyright©2006, 2020 by Ray Bennett
All rights reserved. No part of this book may be reproduced
in any form without written permission from the publisher.
First published in English by Chronicle Books LLC, San Francisco, California.
The moral right of the translator has been asserted.
Simplified Chinese translation copyright © 周安迪. All rights reserved.

著作权合同登记图字：09-2020-682

发 行 人：	毕 胜	艺术指导：	梯·周安迪
责任编辑：	肖海鸥 邱宇同	装帧设计：	梯·邱江月
书　　名：	及格家宣言		
作　　者：	[美]雷·贝内特		
译　　者：	周安迪		
出　　版：	上海世纪出版集团　上海文艺出版社		
地　　址：	上海市闵行区号景路 159 弄 A 座 2 楼 201101		
发　　行：	上海文艺出版社发行中心　www.ewen.co	印厂业务总监：	薛华杰
	上海市闵行区号景路 159 弄 A 座 2 楼 206 室 201101	印前检查：	唐国军
印　　刷：	苏州市越洋印刷有限公司	拼版：	陈素琴
开　　本：	889×650　1/32	印刷机长：	菅宽宽
印　　张：	3.25	封面制壳：	吴远良
字　　数：	17,000	封面工艺：	杨欢
印　　次：	2020 年 9 月第 1 版 2023 年 12 月第 5 次印刷	精装龙机长：	黄达勇
Ｉ Ｓ Ｂ Ｎ：	978-7-5321-7759-2/B. 0067	质检：	陈春琴
定　　价：	38.00 元		

告读者：如发现本书有质量问题请与印刷厂质量科联系
T：0512-68180628